Hanna Däumer

# VERBOTEN

TULIPAN VERLAG

Vom Beckenrand springen:

VERBOTEN!

100gr.
10 €

100gr.
9 €

100gr.
8 €

Mundraub:

VERBOTEN!

Schief singen:
VERBOTEN!

Vermüllen: VERBOTEN!

Faul rumliegen:

VERBOTEN!

Ausrasten:
VERBOTEN!

**Hanna Däumer**, geboren 1987, absolvierte
eine Schreinerlehre und studierte anschließend
an der Hochschule Augsburg Kommunikations-
design. »Verboten« ist ihre erste Bilderbuch-
Publikation. Hanna Däumer lebt in Dresden.

Besucht uns auf Facebook und Instagram!

TULIPAN-Newsletter
Tolle Lesetipps kostenlos per E-Mail!
www.tulipan-verlag.de

1. Auflage 2024
Text und Bilder: Hanna Däumer
Druck: Grafisches Centrum Cuno GmbH & Co. KG, Calbe
ISBN 978-3-86429-614-7